# ¿Cómo sabes que es invierno?

ANDERSON ELEMENTARY SCHOOL LIBRARY

### de Allan Fowler

Versión en español de Aída E. Marcuse

**Asesores:**

Dr. Robert L. Hillerich, Profesor Emérito de la Universidad Estatal de Bowling Green, Bowling Green, Ohio; Asesor de las Escuelas Públicas del Condado Pinellas, Florida

Mary Nalbandian, Directora de Ciencias de las Escuelas Públicas de Chicago, Chicago, Illinois

Fay Robinson, Especialista en Desarrollo Infantil

CHILDRENS PRESS®
CHICAGO

Diseño de la tapa de los libros de esta serie: Sara Shelton


**Catalogado en la Biblioteca del Congreso bajo:**


Fowler, Allan
    ¿Cómo sabes que es invierno? / por Allan Fowler
    p. cm. – (Mis primeros libros de ciencia)
    Resumen: Una sencilla descripción de las características del invierno.
    ISBN 0-516-34915-5
    1. Invierno–Literatura juvenil. [1. Invierno.] I. Título.
    II. Series: Fowler, Allan. Mis primeros libros de ciencia.
QB637.8.F69      1991
508-dc20                                                      91-3129
                                                                CIP
                                                                AC

¿Cómo sabes que
es invierno?

Cuando nieva tanto que todo se vuelve blanco, no cabe duda: ¡ha llegado el invierno!

Sólo en invierno puedes patinar
en un lago congelado...

o deslizarte colina abajo en
un trineo...

# o hacer muñecos de nieve...

¡o sencillamente, jugar en la nieve!

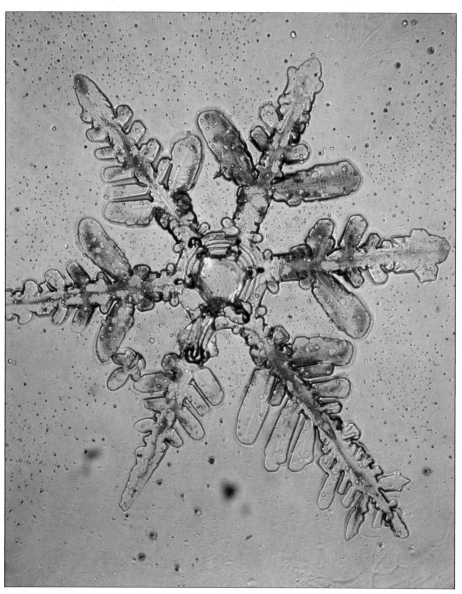

10

La nieve está formada por
unos copos diminutos.

¡Y no hay dos copos
iguales!

¿Cómo sabes que es invierno en lugares donde no hay nieve?

Si los árboles han perdido
las hojas...

si el aire está tan frío que
tiemblas y te arropas bien
para conservar tu calor...

14

si cuando estás cenando
ya está muy oscuro, ¡sabes
que llegó el invierno!

A los animales de piel muy
peluda no les importa el frío.

Pero los osos y los
mapaches pasan casi todo
el invierno durmiendo.

Mucha gente celebra
fiestas especiales durante
el invierno.

Algunas personas celebran
la Navidad

con la familia reunida
junto al árbol.

Otras personas celebran
Hannuká, la fiesta de
las luces,

y esas familias encienden velas
durante ocho días seguidos.

En algunas partes del
mundo nieva y hace
frío todo el tiempo.

25

Pero en otras partes, aun en invierno hace tanto calor, que los niños y niñas de esos lugares jamás han visto nieve.

28

En invierno es divertido
jugar en la nieve.

Pero, ¿verdad que te alegra
saber que la nieve se
derretirá y un día volverá
la primavera?

# Palabras que conoces

invierno

nieve

cristales de nieve

muñeco de nieve

frío

Navidad

Hannuká

deslizarse en trineo

patinaje sobre hielo

31

# Índice alfabético

## Acerca del autor:

Allan Fowler es un escritor independiente, graduado en publicidad. Nació en New York, vive en Chicago y le encanta viajar.

## Fotografías:

PhotoEdit – ©Myrleen Ferguson, 21; ©Robert Brenner, 23, 31 (arriba derecha); ©Stephen McBrady, 31 (arriba izquierda)

Valan – ©Kennon Cooke, Tapa, 5, 9, 19; ©Francis Lépine, 6, 31 (abajo derecha); ©Michel Bourque, 7, 13, 31 (abajo izquierda); ©V. Wilkinson, 8; ©Harold Green, 10, 30 (arriba derecha); ©Murray O'Neill, 18; ©Fred Bruemmer, 25, 30 (abajo derecha); ©Pierre Kohler, 27; ©John Fowler, 28; ©Michel Julien, 30 (arriba izquierda)

©Jim Whitmer – 15, 17, 30 (arriba izquierda)

TAPA: Grand Tetons, Wyoming